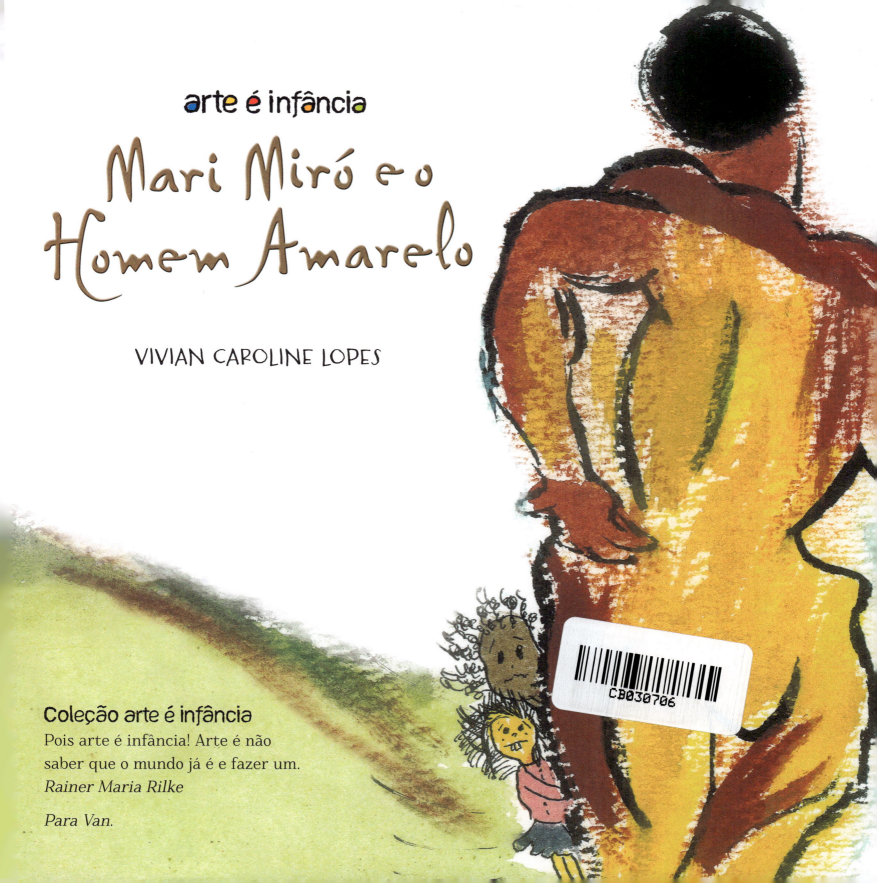

arte é infância

Mari Miró e o Homem Amarelo

VIVIAN CAROLINE LOPES

Coleção arte é infância
Pois arte é infância! Arte é não
saber que o mundo já é e fazer um.
Rainer Maria Rilke

Para Van.

CIP-BRASIL CATALOGAÇÃO NA PUBLICAÇÃO
SINDICATO NACIONAL DOS EDITORES DE LIVROS, RJ

L856m

Lopes, Vivian Caroline
  Mari Miró e o homem amarelo / Vivian Caroline Lopes. – 2.ed. –
Barueri, SP : Ciranda Cultural, 2017.
  48 p. : il. ; 24cm   (Arte é infância)

ISBN: 9788538071884

1. Literatura infantojuvenil brasileira. I. Título. II. Série.

17-40779   CDD: 028.5
                                               CDU: 087.5

Este livro foi impresso em fonte Joanna em setembro de 2022.

Ciranda na Escola é um selo da Ciranda Cultural.

© 2014 Ciranda Cultural Editora e Distribuidora Ltda.
Texto © 2014 Vivian Caroline Fernandes Lopes
Ilustrações: Vivian Caroline Fernandes Lopes
Produção: Ciranda Cultural

2ª Edição em 2017
3ª Impressão em 2022
www.cirandacultural.com.br

Todos os direitos reservados. Nenhuma parte desta publicação pode ser reproduzida, arquivada em sistema de busca ou transmitida por qualquer meio, seja ele eletrônico, fotocópia, gravação ou outros, sem prévia autorização do detentor dos direitos, e não pode circular encadernada ou encapada de maneira distinta daquela em que foi publicada, ou sem que as mesmas condições sejam impostas aos compradores subsequentes.

arte é infância

Mari Miró e o Homem Amarelo

Ciranda na Escola

Foi em 1917. Nossa, isso faz tempo! Mari Miró e Nathalia Maria gostam de pintoras mulheres. E mais ainda de pintoras mulheres brasileiras. Anita Malfatti. Nome bonito, não é?

Estavam as duas passeando pelo bosque tão colorido da pintora, pensando que aquilo tudo parecia muito com os quadros malucos de Kandinsky e de seus amigos expressionistas.

– O chão vermelho, amarelo e verde pode significar que o sol entra só um pouquinho aqui no bosque, você não acha, Mari? – perguntou Nathalia Maria.

"Ou então que aqui nesse bosque vive alguma pessoa muito brava na parte vermelha ou muito cansada na parte amarela..." – pensou Mari Miró.

As duas são muito talentosas e adoram imaginar coisas fantásticas. E não é que, mais uma vez, a imaginação virou realidade? De dentro da parte vermelha, muito calmamente, surgiu uma mulher charmosa e misteriosa...

– Olá, meninas. Vi que vocês estão tentando adivinhar o que Anita quis dizer com esta obra. Então, queiram me acompanhar...

Mais que depressa, as duas saíram correndo atrás da Chinesa.

– Quem é você, moça? Por que é assim tão calma se é tão vermelha? – disse Mari.

– Vermelho não é a cor do desespero, do sangue, da dor, do grito? – completou Nathi.

Ainda com vagar, a Chinesa sentou-se e acendeu sua lamparina.

– Sentem-se, meninas. Eu sou a Chinesa. Agora contarei a vocês um episódio da vida da nossa querida Anita Malfatti. Foi em 1917. Anita Malfatti voltava de uma viagem de estudos nos Estados Unidos e na Alemanha, onde aprendeu a pintar à moda expressionista.

– Viu? Eu sabia, Nathalia. Na viagem que eu fiz à Rússia com o Felipe, tinha um monte de quadros assim, coloridos como esse bosque! – disse Mari Miró.

– Pois então... Aqui no Brasil, as pessoas não estavam acostumadas com isso. Mas, mesmo assim, insistiram para que Anita fizesse uma Exposição de Pintura Moderna. E assim foi. Quadros belíssimos estavam expostos, mas o público não sabia compreender. Estavam esperando obras de arte mais comportadas e mais próximas da realidade, ou seja, sem essas cores vibrantes e esses traços tão deformados. Acharam que Anita não sabia pintar.

– Como assim? A Anita é uma ótima pintora. Eu nunca ia conseguir fazer um quadro tão bonito como você... E o que fizeram com ela? – Nathalia Maria perguntou, muito preocupada.

– Um intelectual da época, chamado Monteiro Lobato, escreveu um artigo no jornal falando muito mal da exposição. Logo Anita perdeu todas as alunas e as encomendas de quadros, ficou muito triste e sem esperanças.

– Mas que homem horrível! E de muito mau gosto! Mas, Chinesa, como você sabe disso? Você estava lá? – perguntou Mari Miró querendo saber mais.

– Eu não estava, mas o meu amigo, o Homem Amarelo, estava sim, e foi um dos que mais sofreu com as risadas e os xingamentos das pessoas – respondeu a Chinesa, com a voz ainda calma e grave.

Nesse momento, as três olharam para a faixa amarela do bosque e, repentinamente, com um gesto duro e preciso, o Homem Amarelo levantou-se e caminhou em direção a elas. Bastante encantadas com a magia das obras de Anita, Mari e Nathalia mal podiam respirar com tamanha surpresa. O mais legal era que parecia que, além de coloridos, os personagens transpiravam sentimentos. Por exemplo, o Homem Amarelo demonstrava ser bem valente, enquanto a Chinesa era calma e segura.

– Como vai, Chinesa? Temos visitas? Há muito tempo não recebemos ninguém por aqui – disse o Homem Amarelo, sério e determinado.

– Sim, meu querido. São meninas muito inteligentes e curiosas. Estava contando para elas sobre a Exposição de Pintura Moderna de Anita Malfatti.

– Ah, sim. Aquilo foi terrível. Todos riram da minha cara. E veja só se eu tenho cara de quem acha graça de alguma coisa?

As meninas estavam boquiabertas. Naquele momento, o Homem Verde resolveu juntar-se ao grupo.

– Olhem só! Eis que chega o meu amigo, o Homem Verde! Agora sim estamos completos. Formamos cinco!

Os três riram gostoso! Só a Mari e a Nathalia que não riram. É que elas não entenderam a piada.

– *Não gostei desse jeito de contar!*
– *Ué, Mari. Foi verdade. Vocês não entenderam a piada do Homem Amarelo, do Homem Verde e da Chinesa...*
– *Mas, como é que a gente ia entender se nunca ninguém tinha explicado o que era o Grupo dos Cinco?*
– *Pois é. Por isso é que nós vamos explicar para eles o que é. Assim, ninguém mais fica sem entender a piada.*
– *Eles, quem?*
– *Os leitores, Mari.*
– *Verdade! Então, olhem só, prestem atenção que vocês já vão descobrir.*

Depois de algum tempo, o Homem Amarelo convidou Mari Mari Miró e Nathalia Maria para conhecer mais um pouco sobre o universo de Anita, e explicou:

– Conhecendo o percurso da nossa artista, vocês vão conhecer o início da arte moderna brasileira.

– Que legal! – disse Mari, muito empolgada. – Estava mesmo ficando cansada de só ver artistas de outros países! Eu gosto muito do Brasil. E quero saber por que demorou tanto tempo assim para eu conseguir entrar nos quadros de um artista brasileiro.

– Na verdade, Mari Miró, o Brasil só conseguiu fazer arte moderna inspirado nos artistas europeus... Por isso, para chegar até aqui, você teve de passar primeiro por lá. Entendeu? É porque nós somos um país muito jovem.

– Ah, nem me venha com essa, não. Antes dos portugueses chegarem aqui, os índios já estavam bem vivinhos – disse Mari Miró, que de boba não tem nada.

– Você tem razão, e a arte dos índios é muito valorizada, inclusive nesse período. É o chamado Primitivismo – respondeu o Homem Amarelo, muito sábio.

– Eu lembro disso! O Príncipe Negro me contou quando eu conheci as obras do Paul Klee – Mari disse, espantada. – Então você quer dizer que nós, brasileiros, éramos muito bons, mas só em arte primitiva?

O Homem Amarelo achou melhor deixar que ela mesma tirasse suas conclusões, já que a arte brasileira nasceu da mistura de uma e outra coisa, graças a um grupo muito lutador que organizou a famosa Semana de Arte Moderna, em 1922.

– Você está contando tudo antes!
– Não tem ordem para contar os fatos, Mari. Tudo está junto nesta história dos modernistas brasileiros.
– Tudo bem. Então, vá mais rápido que eu quero logo chegar lá ao Theatro Municipal!

O Homem Amarelo foi guiando as meninas por um atalho, eles pegaram o canal.

– Venham por aqui, meninas. Este é o *Canal*, uma gravura em metal. Aqui vamos procurar onde está guardado um dos desenhos mais representativos do cenário dos artistas brasileiros.

As duas começaram a procurar. E, atrás de uma árvore, encontraram um envelope preso por um pequeno prego.

– Encontrei alguma coisa! – disse Nathalia Maria.

O envelope dizia "O Grupo dos Cinco". O Homem Amarelo decidiu propor um desafio às meninas.

– Agora, vocês têm a tarefa de descobrir quem eram esses cinco artistas, o que faziam e como viviam. Quando tiverem descoberto, eu encontrarei vocês para entregar um presente de Anita Malfatti.

– Legal! – exclamaram as duas.

Saindo em disparada, em direção a não-sei-onde, partiram para um outro quadro em busca de pistas. Chegaram à *Marinha*.

– Este quadro é um pouco mais calmo, as cores são doces. Você não acha, Mari? – disse Nathalia, procurando alguma coisa que pudesse dar pistas.

As duas estavam tão empolgadas que esqueceram de abrir o envelope para olhar o que tinha dentro. Até que se deram conta desse detalhe e o abriram.

Acharam um desenho meio rabiscado. Parecia que tinha sido feito em um minuto! Pensaram que um dos cinco seria Anita, mas quem? A que estava sentada ao piano, ou a outra que estava dormindo?

A Marinha era tão serena e tranquila que uma leve brisa chamou a atenção das meninas. E quando procuraram algum sinal, perceberam uma linda Bailarina com Meias Roxas rodopiando no meio da ilha.

– Veja, Nathalia! Que linda! – disse Mari, encantada. – Vamos chegar mais perto e ver se ela pode dar alguma pista para nós!

Entre um rodopio e outro, a Bailarina com Meias Roxas sorriu para Mari e Nathalia. Elas perguntaram se Anita sabia tocar piano, se ela gostava mais de dormir ou de pintar, riram e se encantaram com os casos contados pela dançarina. Ao final da conversa, chegaram à conclusão de que Anita era aquela que estava deitada no sofá e pediram ajuda para encontrar a próxima pista. A única coisa que ouviram da doce menina de cabelos vermelhos foi: – De boba, ela não tem nada.

Sem entender muito o que significava aquela frase, agradeceram à Bailarina e seguiram por mais alguns minutos. De repente, uma ventania brava obrigou as duas meninas a se agarrarem em alguma coisa.

– Mari, socorro, eu vou voar! – Nathalia, que era bem magrinha, não estava conseguindo se segurar.

– Vamos agarrar aqui, este tronco retorcido! – disse Mari, que era um pouquinho mais forte, mas que também estava quase voando.

Prenderam com toda a força os pés e as mãos no tronco e esperaram a ventania passar. Mas, antes de o vento diminuir, ouviram uma risadinha abafada.

– Nathi, você está ouvindo isso?

– É, que esquisito! Parece que alguém está rindo.

E qual não foi o susto das meninas quando perceberam que aquele tronco, no qual estavam segurando, era na verdade uma pessoa!

– Eu não sou uma árvore! E vocês estão me fazendo coceguinhas com esses dedinhos e pés agarrados na minha perna! – disse o Ritmo.

– Aaaaaaaaaaaaaaaah!

As duas soltaram as mãos assustadas, mas logo seguraram de novo, porque o vento continuava forte.

– Desculpe, moço. A gente não sabia... É que você parecia tanto uma árvore! – disse Nathalia, meio sem graça.

– Pois é, mas eu não sou! – disse o Ritmo, um pouco nervoso.

– Pelo menos ele não tem cara de Boba – disse uma voz que vinha do outro lado, de uma mulher com um olhar desconfiado.

– De Boba, você não tem nada! – respondeu o Ritmo.

Pronto! A pista que a Bailarina deu estava lá, diante dos olhos das duas! Logo elas resolveram se apresentar e perguntar pelo desenho. Entre uma briga e outra, Ritmo e a Boba deram mais algumas pistas, e logo elas descobriram que o moço que estava ao piano era um tal de Mário de Andrade. Eles adiantaram que não dava para falar exatamente o que ele fazia, de tanta coisa que ele tinha feito na vida, mas pediram para procurar por ele perto do farol. Ele iria explicar tudinho, já que tinha sido um dos organizadores da Semana de 22.

Farol, farol, farol... Que negócio era esse? Será que ia aparecer um carro nas obras da Anita? Ou será que ia ser um farol de caminhão? Que coisa esquisita. Elas estavam era com medo de serem atropeladas por esse farol. E foram, devagar, caminhando desconfiadas.

Chegaram a um lindo céu branco, cor-de-rosa e azul. No alto da paisagem, viram uma luz que acendia e apagava. Quando repararam melhor, viram que ela girava. Lá de cima, um homem que se confundia com a cor amarela da luz estava observando a paisagem, muito sério. Pensaram: "Será que aquele é o Mário de Andrade?".

– Ei, você! Por acaso é o Mário de Andrade? – perguntou Mari Miró.

– Sim! Olá, vocês chegaram! Venham, subam aqui no farol – e abriu o seu largo sorriso, convidando as meninas a subirem.

Entreolharam-se e ficaram felizes! Mas, ao mesmo tempo, pensaram: "Que farol? Esse homem construiu um farol gigante que não serve para nada! Ele não sai do lugar...".

— Adoro crianças! Vocês são os maiores artistas que podem existir. A arte vive em vocês! — disse Mário, muito empolgado. Ele adorava ensinar e aprender.

— Você é muito simpático! Mas por que vive aqui nesse prédio alto, que todos chamam de farol, mas que não tem nenhum carro nele? — perguntou Mari.

Mário riu alto e gostoso.

— Eu não vivo aqui. Só estou aqui. E isto é um farol parado mesmo. É que vocês são de outro tempo... Ele serve para orientar os navegadores. Assim como o grupo dos modernistas serviu para orientar a arte moderna brasileira.

– Quer dizer que o barco se guia por esta luz? – perguntou Nathalia Maria, muito perspicaz.

– Sim. À noite, o farol é uma referência – respondeu Mário.

Mari Miró logo foi pegando o envelope com o desenho que agora já trazia duas marcas: Anita, na moça que estava deitada; e Mário, no homem que tocava piano.

– Disseram-nos que você iria nos explicar tudo sobre este desenho e uma tal de semana...

Mário pegou o desenho nas mãos e deu um suspiro!

– Ah, sim, que saudade desses tempos... Bons tempos! Aqui somos nós cinco, o Grupo dos Cinco. Vivíamos conversando sobre poesia, artes plásticas, música. Este desenho foi depois da Semana de 22, quando Tarsila juntou-se a nós.

– Ah! Então a moça que está aqui com você no piano chama-se Tarsila? – Nathi rapidamente anotou no desenho.

– Sim, minha doce amiga e excelente pintora, Tarsila do Amaral. Mas ela não estava na Semana de Arte Moderna. A Semana foi um evento grande, no Theatro Municipal de São Paulo, organizado para mostrar ao povo nossas ideias libertárias. Fomos muito vaiados, até tomate na cara a gente levou. Principalmente o Oswald.

– Oswald? É o mais gordinho deitado no chão ou o mais magrinho? – perguntou Nathi, com o lápis prontinho para anotar.

— Oswald de Andrade. Grande intelectual, escritor, poeta. Foi muito meu amigo. É o mais gordinho, aqui, de terno verde.

— Agora só falta o magrinho. Quem foi ele? – perguntou Mari Miró, que estava adorando esse tal de Mário de Andrade. Não queria mais sair de perto dele. Ele tinha alguma coisa de muito bom, mas ela não sabia direito o que era.

— Esse é o nosso amigo Menotti del Picchia, escritor e crítico de arte como eu.

— Que nome mais esquisito... – falou Nathi, que não sabia como escrever direito o nome do último integrante.

— Pronto, agora vocês podem ir buscar o prêmio com o Homem Amarelo – disse Mário de Andrade, muito satisfeito.

Eles se abraçaram, mas Mari Miró não queria mais ir embora. Gostou muito de Mário. E alguma coisa dizia a ela que eles ainda tinham muito o que conversar. Contudo, Nathalia Maria estava muito apressada e curiosa. Puxou a mão de Mari e foram correndo ao encontro do Homem Amarelo. Ele as esperava com dois embrulhos e laços.

— São dois presentes de Anita Malfatti para vocês.

As meninas abriram com rapidez, sem conter a ansiedade. Eram dois quadros muito bonitos. Pela primeira vez, eles pareciam muito brasileiros. O quadro de Mari chamava-se *Tropical*. Ela logo foi fazendo amizade com a negra bonita que segurava a cesta de frutas. E Nathi recebeu uma linda cena chamada *O batizado*, na qual ela logo embarcou para descobrir quem era o bebezinho que tinha nascido. Assim, partiram as duas em outras deliciosas aventuras descobrindo a arte do Brasil. E essa história estava só começando.

APOIO DIDÁTICO

APRESENTAÇÃO

As páginas a seguir buscam oferecer apoio aos familiares, professores ou interessados que queiram aproveitar a leitura da *Mari Miró e o Homem Amarelo* para além das palavras, tornando materiais as imagens e personagens encontrados na narrativa sobre a obra da artista Anita Malfatti.

O título faz parte da coleção Arte é Infância, lançada em 2014 pela Editora Ciranda Cultural, vencedora da categoria Didático e Paradidático do 57º Prêmio Jabuti. A coleção conta, até o momento, com as seguintes obras: *Mari Miró* (Joan Miró), *Mari Miró e o Príncipe Negro* (Paul Klee), *Mari Miró e o Cavaleiro Azul* (Wassily Kandinsky), *Mari Miró e o Homem Amarelo* (Anita Malfatti), *Mari Miró e o Menino com Lagartixas* (Lasar Segall), *Mari Miró e o Abaporu* (Tarsila do Amaral) e *Mari Miró e as Cinco Moças de Guaratinguetá* (Di Cavalcanti).

Em *Mari Miró e o Homem Amarelo* passeamos pelo início da arte moderna brasileira com Anita Malfatti. O leitor irá acompanhar o histórico Grupo dos Cinco, a Semana de Arte Moderna e a figura de Mário de Andrade.

APOIO AO PROFESSOR

Este material foi concebido através da vivência e experiência em sala de aula com as diversas faixas etárias e linguagens: arte-educação e incentivo à leitura e escrita.

Objetivos gerais:
- Formar o público infantil para recepção da arte.
- Auxiliar professores no preparo de atividades com as obras dos pintores e as músicas e ritmos, antes ou após a leitura dos livros.
- Aprofundar o estudo da obra dos artistas e a relação entre a criança e a arte.

Objetivos específicos:
- Permitir ao professor abordar aspectos artísticos e históricos através das reproduções das obras incorporadas no livro paradidático.
- Subsidiar a mediação do professor na produção de releituras que possibilitem o fazer artístico do aluno nas mais diversas linguagens: escultura, música, dança, texto (poesia ou prosa), pintura e teatro.

Público-alvo:
- Professores de Português e Artes (Ensino Fundamental I);
- Profissionais que trabalham com oficinas de estudo (com crianças de 06 a 11 anos);
- Professores de Educação Infantil (mediante adaptação das atividades).

Você encontrará uma pequena biografia de Anita Malfatti, acompanhada de dados históricos essenciais para a abordagem em sala de aula. No momento específico de sequência didática, no qual há a apresentação das obras, utilizo a metodologia triangular proposta por Ana Mae Barbosa, articulada com outras ideias do fazer artístico de professores e estudiosos da área de arte-educação, além das adaptações necessárias à realidade com a qual se trabalha.

As sugestões de aulas contemplam três momentos: a apreciação, a contextualização e o fazer artístico. Na última etapa, há mais de uma opção de trabalho, portanto o professor deverá selecionar aquela que melhor se aplicar à turma e faixa etária com a qual trabalha ou aproveitar a mesma imagem por uma sequência de encontros.

a) Apreciação: O educador incita a percepção dos alunos com perguntas abertas, mediando o olhar sem que o direcione, a menos que seja sua intenção. Por exemplo, em uma obra abstrata, como alguns quadros de Kandinsky, pergunte pelas cores, pelas formas; se não houver respostas satisfatórias, busque alternativas como: as formas são orgânicas? as cores são frias? Este momento é importantíssimo para a reflexão e o envolvimento, tanto coletivo quanto individual. É interessante que o professor consiga equilibrar a participação de todos, para que se sintam convidados a expressarem suas sensações. Dependendo da turma, este momento pode demorar a acontecer, de fato; muitas vezes, os alunos não estão preparados para esta (auto)análise, tampouco a disciplina da sala permite um momento de silêncio e reflexão, porém com a insistência e paciência do professor o hábito começa a surgir e, depois de alguns encontros, eles aprendem que não há como olhar alguma imagem, ouvir alguma música, movimentar-se de alguma maneira que não cause nenhuma sensação.

Este é o momento de ouvir, mais do que falar. O professor deve conduzir os comentários, que serão livres, ao propósito de sua aula, e somente depois de a turma esgotar as possibilidades, deverá prosseguir com a contextualização. Alguns educadores preferem dar o nome da obra/pintor ou música/grupo antes da apreciação. É recomendável que não o façam no caso de obras abstratas para que haja liberdade de expressão por parte dos apreciadores. No caso de um exercício que tenha como objetivo uma narração, por exemplo, já seria bastante interessante fornecê-lo. Portanto, nada como saber o que deseja e colocar em prática para pesquisar os resultados.

b) Contextualização: Este é o momento da aquisição do conteúdo. É muito importante que seja realizado de maneira instigante, aproveitando tudo o que fora discutido durante a apreciação, para que o aluno consiga relacionar suas sensações ao conteúdo e sinta vontade de realizar a atividade proposta pelo educador. É interessante que, simultaneamente, conduza uma reflexão/discussão sobre a obra.

c) Fazer artístico: As sugestões elencadas neste material contemplam as mais variadas linguagens artísticas, de literatura a teatro. Qualquer atividade proposta deve ser bem instruída pelo professor, que fornecerá o material a ser utilizado, bem como exemplos de execução. A partir de então, ficará atento para verificar o andamento da elaboração (individual ou em grupo), incentivando e auxiliando os alunos de maneira atenciosa.

CONTAÇÃO DE HISTÓRIA

Para contar uma história é preciso conhecê-la previamente e encontrar nela elementos narrativos centrais. O professor pode utilizar diferentes elementos para atrair a atenção das crianças (alfabetizadas ou não). Desde o famoso baú ou mala que contenha elementos lúdicos para envolver os alunos (como pedaços de tecido, plumas, brilhos, formas geométricas, chapéus, acessórios, borrifadores, trilha sonora, instrumentos musicais etc.) até os recursos de mudança de voz, caretas, maquiagem e roupas diferenciadas.

Nas histórias da coleção Arte é Infância, o mundo da fantasia é o eixo principal. Utilizando as imagens das obras de pintores, alguns elementos tácteis e sonoros, fica fácil trazer esta atmosfera para a sala de aula. Cada educador escolhe as linguagens com as quais está familiarizado para reproduzir a história. A seguir, uma sugestão de materiais e procedimentos para o livro *Mari Miró e o Homem Amarelo*.

- Óculos bem redondos, para representar Mário de Andrade;
- Ambiente multicolorido;
- Pintura facial: verde e amarela;
- Reprodução de Grupo dos Cinco;
- Lanterna para fazer o farol.

Com estes elementos centrais fabricados, vá aos poucos narrando a história enquanto mostra os objetos para as crianças, depois, aproveite os materiais utilizados para realizar dinâmicas com os personagens e para inclusive direcionar as atividades que serão apresentadas mais adiante.

LEITURA COMPARTILHADA

Essa atividade tem como principal função ensinar o prazer da leitura ao aluno. É o momento no qual o professor lê um texto ou um livro dividido em capítulos, ensinando à criança que a leitura se dá com atenção, dedicação e paciência. É preciso saborear as histórias, poemas. É preciso concentração.

O grande desafio desta geração guiada pelos eletrônicos é concentrar-se em atividades nas quais o movimento se dá interiormente. É preciso ensinar a contemplação. Tarefa difícil, mas não impossível. A maneira de realizá-la é mostrar que o livro contém histórias. E não há ninguém no mundo (velho ou novo) que não goste e não se interesse por histórias. Afinal, todos nós escrevemos e vivemos a nossa própria história e sonhamos com o futuro breve ou distante, fabulando, desta maneira, constantemente.

O professor desempenha um papel de modelo para o aluno, principalmente nos primeiros anos de Educação Formal, por isso é interessante mostrar que o hábito da leitura faz parte de sua vida e abre as portas de um mundo grande e rico. Siga os passos abaixo para a realização de uma leitura compartilhada.

DESENVOLVIMENTO DA ATIVIDADE COM CRIANÇAS NÃO ALFABETIZADAS

1ª etapa

Diga às crianças que o livro contará uma história que aconteceu com uma menina muito esperta, quando ela tinha 7 anos de idade. Explique que ela estava na sua aula de artes e gostava muito de descobrir as histórias por detrás de um quadro.

Mostre a imagem da obra *O Homem Amarelo* de Anita Malfatti e compartilhe as impressões dos alunos sobre a obra. Comente sobre as cores e as formas.

Só depois de perceber o interesse da turma, pergunte aos alunos se querem conhecer a história desta personagem chamada Mari.

2ª etapa

É importante criar um ambiente agradável para que as crianças não se sintam cansadas ou desinteressadas. Para isso, disponha os alunos em círculo ou semicírculo no qual você ocupe uma posição visível para todos. Leia sempre com a ilustração virada para eles, para que todos vejam as imagens ou, não sendo possível esta organização, tenha como pano de fundo as imagens do livro *Mari Miró e o Homem Amarelo* e das obras de Anita Malfatti em uma grande tela.

3ª etapa

Comece pela capa e pelo título. Deixe as crianças emitirem impressões espontaneamente e observarem a capa. Pergunte se alguém se lembra do quadro que a personagem gostou e force as relações com o título.

4ª etapa

Avise que você fará uma primeira leitura do livro, e que durante a leitura todas as crianças devem prestar atenção. Se tiverem alguma pergunta ou impressão sobre a história, os alunos podem manifestar. Mas, se quiserem contar alguma coisa parecida, só poderão fazê-lo depois do final do livro.

5ª etapa

Após a leitura, abra um espaço de troca. Ele pode começar por alguma criança de maneira espontânea ou por você, que se apresenta como leitor. Comente sobre as imagens e faça uma breve síntese da história para resgatar a atenção de todos e para explicar o que a narração pretendeu. Esta atitude irá contribuir para a produção de sentido e complementará o significado esboçado pelo texto.

Outra intervenção interessante pode ser a releitura de alguns momentos descritos no texto, através da pergunta aos alunos: Qual o momento de que você mais gostou?

Diante das respostas e releituras, você irá encontrar direções de interpretações divergentes ou criar as relações entre texto e imagem que as crianças poderiam fazer.

É interessante deixar a imaginação livre para que as crianças brinquem com a obra de arte de Anita Malfatti.

6ª etapa

Estimule a turma perguntando como imaginam outras ilustrações que poderiam existir no livro. Faça os alunos produzirem mais quadros de Anita Malfatti.

7ª etapa

Apresente mais obras do pintor e o plano de aula sugerido neste material.

DESENVOLVIMENTO DA ATIVIDADE COM CRIANÇAS ALFABETIZADAS

Elas podem possuir o livro ou não. Repita as etapas de 1 a 3 conforme descrito anteriormente.

4ª etapa

Leia o texto com clareza em voz alta. Pare sempre que terminar um parágrafo para acompanhar o interesse da turma e resgatar as opiniões.

Ou ainda, peça para que os alunos abram o livro na primeira página de texto e leia em voz alta, enquanto os alunos acompanham a leitura. A partir do momento escolhido por você, peça para que as duplas leiam em voz baixa, observando as ilustrações.

5ª etapa

Após a leitura, abra um espaço de troca. Pergunte se os alunos gostaram da história e quais os momentos mais interessantes.

Diante das respostas, você irá encontrar direções para saber qual a melhor forma de trabalhar com a sugestão de aulas deste material.

É interessante deixar esta conversa fluir, ouvir todas as impressões das crianças, a imaginação é necessária para compreender a obra de arte de Homem Amarelo.

6ª etapa

Apresente mais obras da pintora e o plano de aula sugerido neste material.

FLEXIBILIZAÇÃO PARA DEFICIÊNCIA VISUAL

1. Grave o livro em áudio e dê para o aluno levar para ouvir em casa. Ele deve se aproximar do texto antes da turma.

2. Durante a leitura em sala de aula, descreva oralmente as imagens e estimule a turma a fazer o mesmo.

3. Estimule o aluno a sugerir imagens e faça-o participar ativamente da atividade.

FLEXIBILIZAÇÃO PARA DEFICIÊNCIA AUDITIVA

1. Utilize um vídeo previamente gravado com a língua brasileira de sinais do livro *Mari Miró e o Homem Amarelo*. A cada página lida em sala, passar o vídeo para que os alunos com deficiência auditiva possam acompanhar.

2. Durante a leitura em sala de aula, apresente as ilustrações para eles.

3. Estimule os alunos a participarem ativamente da leitura compartilhada.

Mari Miró e o Homem Amarelo

Depois de conhecer o Expressionismo, um dia, Mari Miró esbarra em *O homem amarelo*, de Anita Malfatti, e junto a outros personagens da pintora apresenta os preâmbulos da arte moderna no Brasil.

ANITA MALFATTI (1889-1964)

Filha de um casamento ítalo (Malfatti) e alemão (Krug), Anita teve em sua mãe, poliglota, pintora e aquarelista, uma das suas primeiras professoras.

Eu tinha 13 anos. E sofria, porque não sabia que rumo tomar na vida. Nada ainda me revelara o fundo da minha sensibilidade (...) Resolvi, então, me submeter a uma estranha experiência: sofrer a sensação absorvente da morte. (...) E veja o que fiz: Nossa casa ficava perto da estação da Barra Funda. Um dia saí de casa, amarrei fortemente as minhas tranças de menina, deitei-me debaixo dos dormentes e esperei o trem passar por cima de mim. Foi uma coisa horrível, indescritível! O barulho ensurdecedor, a deslocação de ar, a temperatura asfixiante deram-me uma impressão de delírio e loucura. E eu via cores, cores e cores riscando o espaço, cores que eu desejaria fixar para sempre na retina assombrada. Foi a revelação: voltei decidida a me dedicar à pintura.

Anita Malfatti

Em 1910, partiu para a Alemanha, viagem proporcionada pelo tio Jorge Krug. Chegando à efervescência cultural alemã, em meio aos grupos do ainda não denominado movimento expressionista, *Die Brücke* (A Ponte) e *Der Blaue Reiter* (O Cavaleiro Azul), Anita entusiasmou-se.

Um belo dia fui com um colega ver uma grande exposição de pintura moderna. Eram quadros grandes. Havia emprego de quilos e quilos de tintas, e de todas as cores. Um jogo formidável. Uma confusão, um arrebatamento, cada acidente de forma pintado com todas as cores. O artista não havia tomado tempo para misturar as cores, o que para mim foi uma revelação e minha primeira descoberta. Pensei: o artista está certo. A luz do sol é composta de três cores primárias e quatro derivadas. Os objetos se acusam só quando saem da sombra, isto é, quando envolvidas na luz. Tudo é resultado da luz que os acusa, participando de todas as cores. Comecei a ver tudo acusado por todas as cores. Nada neste mundo é incolor ou sem luz.

Procurei o homem de todas as cores, Lovis Corinth, e dentro de uma semana comecei a trabalhar na aula desse professor.

Após esta viagem à Alemanha, Anita foi aos Estados Unidos e estudou na Independent School of Art.

Era uma forma nova, um regime diferente, que surgia naturalmente, fruto da grande harmonia, paz e desembaraço, completo dos cuidados e ambições da vida. Pintei então A estudante russa, O homem amarelo, O japonês, A mulher de cabelos verdes e muitos outros quadros.

De volta ao Brasil, realizou a Exposição de Pintura Moderna Anita Malfatti, em 1917. Alcançou relativo sucesso, até que Monteiro Lobato publicou a crítica histórica, que atribuía à obra de Anita características como: "torcida em má direção", "nenhuma impressão de prazer ou beleza".

Sentia uma comoção reverente, religiosa diante daquela figura feminina, soberanamente enérgica e artista (...) A arte de Anita me comove.
Mário de Andrade

Mais tarde, ainda não totalmente recuperada do episódio de 1917, Anita juntava-se ao grupo modernista, às vésperas da Semana de Arte Moderna. Tornou-se amiga íntima de Mário de Andrade, que desde a exposição desejava possuir *O homem amarelo*. Organizaram a Semana de 1922, o marco da arte moderna brasileira, na qual várias linguagens artísticas foram expostas. Anita ficou responsável por organizar a parte de artes plásticas. Formou-se o Grupo dos Cinco: Anita Malfatti, Tarsila do Amaral, Oswald de Andrade, Mário de Andrade e Menotti del Picchia.

Fazíamos fugas desabaladas dentro da noite, na Cadillac verde de Oswaldo de Andrade, para ir ler as nossas obras-primas em Santos, no Alto da Serra, na Ilha das Palmas (...) na maior orgia intelectual que a história artística do país registra. Mas, na intriga burguesa escandalizadíssima, a nossa 'orgia' não era apenas intelectual. O que não disseram, o que não se contou nas festas. Champanha com éter, vícios inventadíssimos, as almofadas viraram 'coxins', toda uma semântica do maldizer... No entanto, quando não foram bailes públicos, as nossas festinhas nos salões modernistas eram as mais inocentes brincadeiras de artistas que se pode imaginar. Éramos uns puros.
Mário de Andrade

Anita retorna à Europa para estudar novamente, porém, agora segue caminho menos ousado, produzindo neste período obras como *Dama de azul*, *Interior de igreja*, *Porto de Mônaco*, entre outras. Volta ao Brasil em 1928.

Em 1940, desentende-se com Mário de Andrade. Em 1955, organiza no MASP uma exposição de suas obras recentes para a qual escolheu o nome "Tomei a liberdade de pintar a meu modo". Faleceu em 1964.

OBRAS

1. *A floresta, Treseburg*, 1912
   Óleo sobre tela
   sobre papelão
   20 cm x 29 cm
   Museu de Arte Moderna,
   Rio de Janeiro

2. *O homem amarelo*, 1915-1916
   Óleo sobre tela
   61 cm x 51 cm
   Instituto de Estudos
   Brasileiros, USP, São Paulo

3. *Cabeça de homem (verde)*,
   1915-1916
   Carvão e pastel
   61,5 cm x 46,5 cm
   Coleção particular

4. *Chinesa*, 1921-1922
   Óleo sobre tela
   sobre madeira
   71,5 cm x 77 cm
   Coleção particular

5. *Marinha – Monhegan*, 1915
Óleo sobre tela
33,5 cm x 46 cm
Instituto Moreira Sales,
Rio de Janeiro

6. *Bailarina com meias roxas*
Óleo sobre tela
73 cm x 60 cm
Coleção particular

7. *Canal (outono)*, 1915
Gravura em metal
20 cm x 25 cm
Coleção particular

8. *O grupo dos cinco*, 1922
Tinta e lápis de cor
26,5 cm x 36,5 cm
Instituto de Estudos
Brasileiros, USP,
São Paulo

9. *A boba*, 1915
Óleo sobre tela
61 cm x 50,5 cm
Museu de Arte
Contemporânea, USP,
São Paulo

10. *A ventania*, 1915-1917
Óleo sobre tela
51 cm x 61 cm
Acervo Artístico Cultural
dos Palácios do Governo,
São Paulo

11. *Ritmo (torso)*, 1915-1917
Carvão e pastel
61 cm x 46,6 cm
Museu de Arte
Contemporânea, USP,
São Paulo

12. *O farol*, 1915
Óleo sobre tela
46,5 cm x 61 cm
Museu de Arte
Moderna, Rio de
Janeiro

13. *Mario de Andrade II*, 1922
Carvão e pastel
sobre papelão
36,5 cm x 29,5 cm

14. *Tropical*, 1916
Óleo sobre tela
77 cm x 102 cm
Pinacoteca do Estado, SP

SEQUÊNCIA DIDÁTICA

I. A FLORESTA, TRESEBURG

a) Apreciação

b) Contextualização, reflexão e discussão sobre a obra

Obra do período de estudos de Anita ente a Alemanha e os Estados Unidos.
Reflita com os alunos sobre a relação entre as cores e a expressão.

c) Fazer artístico

• **Relacionando ideias**

Transforme a paisagem retratada no quadro em um exercício de expressão corporal, utilizando cores e sensações para grupos diferentes. Cada grupo deve ser separado por cor e criar sua coreografia para que no final possam interagir.

- **Produzindo imagens**

Proponha uma releitura da obra com pintura com guache e esponja.

- **Produzindo textos**

Os alunos deverão criar uma narração na qual o personagem precisa promover a mistura das cores para criar uma floresta homogênea.

2. O HOMEM AMARELO

a) **Apreciação**

b) **Contextualização, reflexão e discussão sobre a obra**

Esta obra de 1915, de caráter expressionista, é tida como ícone da pintura moderna brasileira.

Reflita e discuta com os alunos sobre proporção e distorção.

c) **Fazer artístico**

- **Relacionando ideias**

Os alunos terão de fazer uma tira de história em quadrinhos na qual O homem amarelo transforma-se em o homem roxo e o homem preto. A partir disso, deverão associar as mudanças a sentimentos e a situações com objetos coloridos.

- **Produzindo imagens**

Proponha uma releitura da obra com tinta acrílica e papel canson.

- **Produzindo textos**

A sugestão para essa atividade é a criação de um diálogo entre a obra e a pintora, na qual O homem amarelo ganha vida e pergunta para Anita por que ele é dessa cor.

3. CABEÇA DE HOMEM (VERDE)

a) **Apreciação**

b) **Contextualização, reflexão e discussão sobre a obra**

Esta obra do insere-se no período de estudos de Anita entre a Alemanha e os Estados Unidos.

Reflita e discuta com os alunos questões sobre cores e distorção.

c) **Fazer artístico**

- **Relacionando ideias**

Cada aluno deverá criar uma escultura de massa plastilina, moldando uma cabeça.

- **Produzindo imagens**

Os alunos deverão fazer o desenho de uma cabeça, sendo obrigatório mudar a cor e não usar a do quadro. Montar um grande painel formado com os desenhos de cabeças de todos os alunos recortados.

- **Produzindo textos**

Proponha a criação de um texto com o seguinte tema: Um homem chega a um planeta onde todos os habitantes são verdes. O que ele faz lá? Que tipos de preconceitos sofre? O que eles comem para serem todos verdes?

4. CHINESA

a) **Apreciação**

b) **Contextualização, reflexão e discussão sobre a obra**

Deve ser levado em consideração que essa obra foi criada às vésperas da Semana de Arte Moderna de 1922. Faça uma relação com esse contexto. Orientalismo como inspiração na arte moderna.

c) Fazer artístico

• **Relacionando ideias**

A partir das figuras japonesas estudadas e reproduzidas por Van Gogh e Gauguin, exponha aos alunos a origem dessa inspiração nos artistas modernos e faça-os notar as diferenças entre as obras ocidentais produzidas com a temática e uma obra oriental original. Observe também as obras de Matisse.

• **Produzindo imagens**

Os alunos poderão produzir uma escultura de papel machê e, depois, pintá-la.

• **Produzindo textos**

Para essa atividade, proponha uma descrição da lamparina do quadro, privilegiando uma espécie de poder fantástico, que o próprio aluno deverá atribuir ao objeto. Poderá ser utilizada linguagem publicitária.

5. MARINHA – MONHEGAN

a) Apreciação

b) Contextualização, reflexão e discussão sobre a obra

Esta obra de 1915 foi produzida no período de estudos em viagem de Anita.

Reflita com os alunos sobre as cores do mar e como retratá-las, além de como representar o mar agitado, calmo, o nascer do sol e o pôr do sol.

c) Fazer artístico

• **Relacionando ideias**

Reproduza em sala de aula uma cena da série *The Impressionists*.[1] A cena está no disco um e é o momento em que Claude Monet acorda com o nascer do sol e o registra no quadro *Impressão: sol nascente*. Depois, compare os dos dois quadros, o de Anita e o de Monet. Ao som do mar, os alunos deverão produzir algo que contemple o tema, que poderá ser em qualquer linguagem artística.

• **Produzindo imagens**

Proponha a reprodução da imagem com lápis de cor aquarelável.

• **Produzindo textos**

Faça uma leitura do poema *Mar Absoluto* de Cecília Meireles e reflita com os alunos. O poema é longo, se preferir, trabalhe com trechos. Segue sugestão:

O mar é só mar, desprovido de apegos,
matando-se e recuperando-se,
correndo como um touro azul por sua própria sombra,
e arremetendo com bravura contra ninguém,
e sendo depois a pura sombra de si mesmo,
por si mesmo vencido. É o seu grande exercício.

Não precisa do destino fixo da terra,
ele que, ao mesmo tempo,
é o dançarino e a sua dança.

Tem um reino de metamorfose, para experiência:
seu corpo é o seu próprio jogo,
e sua eternidade lúdica
não apenas gratuita: mas perfeita.

Então, os alunos escreverão seu próprio poema ou microconto sobre o mar.

---

[1] THE Impressionists. Direção: Tim Dunn. Nova Iorque: Koch Vision, 2006. 2 DVDs (177 min), NTSC, color. Título original: The impressionists.

6. BAILARINA COM MEIAS ROXAS

a) **Apreciação**

b) **Contextualização, reflexão e discussão sobre a obra**

Faça uma reflexão com a turma sobre como se dá o registro dos movimentos de dança. Questione como isso é feito e qual foi a técnica utilizada por Anita. É possível realizar uma ponte com o pintor impressionista Edgar Degas.

c) **Fazer artístico**

• **Relacionando ideias**

Proponha um exercício comparativo com um dos quadros de bailarinas de Edgar Degas. Após a comparação, converse sobre o registro de dança em outras artes. Então, apresente cenas do filme *Tango*[2] para pesquisa do movimento. Peça aos alunos para que registrem uma posição da bailarina do filme em desenho.

• **Produzindo imagens**

Proponha uma releitura da obra com giz pastel oleoso. Outra atividade possível seria criar um figurino para bailarinas, confeccionando as saias com papel crepom (ou mesmo tecidos) para aplicar no desenho.

• **Produzindo textos**

Os alunos deverão compor a letra de uma música para a *Bailarina de meias roxas*. Traga a música *Ciranda da bailarina*[3], de Chico Buarque e Edu Lobo.

7. CANAL (OUTONO)

a) **Apreciação**

b) **Contextualização, reflexão e discussão sobre a obra**

Esta obra é de 1915, período de estudos em viagem de Anita. Gravura em metal.

Trabalhe com os alunos a questão da expressão sem as cores: qual a diferença?

c) **Fazer artístico**

• **Relacionando ideias**

Passe para os alunos a cena do filme *Moça com brinco de pérola*[4] na qual os personagens andam na beira do canal. Eles deverão fazer um exercício de comparação da gradação das cores.

• **Produzindo imagens**

Proponha uma releitura da obra por meio de um desenho com lápis integral e bico de pena com nanquim.

• **Produzindo textos**

Os alunos deverão criar um texto com o tema das mudanças na paisagem com a chegada da primavera.

8. O GRUPO DOS CINCO

a) **Apreciação**

b) **Contextualização, reflexão e discussão sobre a obra**

Esta obra foi criada em 1922, após a Semana de Arte Moderna, com a chegada de Tarsila do Amaral. Converse com os alunos sobre o grupo de artistas modernos no Brasil e as ideias que possuíam.

---

2. TANGO. Direção: Carlos Saura. [S.l.] Europa Filmes, 1998. 1 DVD (115 min), NTSC, color. Título original: Tango.

3. Você pode encontrar essa música em: BUARQUE, Chico; LOBO, Edu. *O grande circo místico*. Rio de Janeiro: Biscoito Fino, 1983.

4. MOÇA com brinco de pérola. Direção: Peter Webber. São Paulo: Imagem Filmes, 2003. 1 DVD (95 min), NTSC, color. Título original: Girl with a pearl earring.

c) **Fazer artístico**

• **Relacionando ideias**

Os alunos deverão criar um pequeno esquete teatral com os cinco personagens. A cena deve começar ou terminar na disposição que está apresentada no desenho.

• **Produzindo imagens**

Proponha aos alunos que escolham um personagem dos cinco para retratar de maneira colorida.

• **Produzindo textos**

Cada aluno deverá criar um pequeno conto sobre a cena desenhada.

9. A BOBA

a) **Apreciação**

b) **Contextualização, reflexão e discussão sobre a obra**

Esta obra é de 1915-1916, período de estudos em viagem de Anita.

Discuta com os alunos sobre as características do quadro que fazem a personagem retratada parecer "a boba".

c) **Fazer artístico**

• **Relacionando ideias**

Proponha um trabalho com as expressões faciais: os alunos deverão realizar uma série de desenhos na mesma folha, nos quais apenas os olhos do modelo mudem de posição. Depois, devem escrever abaixo qual expressão gostariam de simbolizar.

• **Produzindo imagens**

Proponha uma releitura da obra com giz de cera e giz pastel oleoso.

• **Produzindo textos**

Os alunos deverão criar um perfil hipotético de uma rede social para *A boba* preenchendo todos os campos de interesses: sexo, idade, grupos de interesse, músicas, livros, páginas que curtiu, familiares, amigos. Incluir inclusive comentários dos amigos para a sua foto de perfil, o quadro estudado.

10. VENTANIA

a) **Apreciação**

b) **Contextualização, reflexão e discussão sobre a obra**

Esta obra é de 1915-1917, período de estudos em viagem de Anita.

Reflita com os alunos sobre o movimento de pincelada utilizado na obra.

c) Fazer artístico

• Relacionando ideias

Apresente alguns quadros do pintor Vincent van Gogh e estabeleça uma comparação junto aos alunos. Assista ao vídeo *Starry night (interactive animation)*[5], disponível na internet, que realiza aproximações no quadro para que os movimentos do pincel sejam apreendidos. Por fim, peça aos alunos para realizarem uma aproximação com a obra *Ventania* e escolham um detalhe para ser reproduzido.

• Produzindo imagens

Nessa atividade, será trabalhada a expressão corporal. Tire fotografias das crianças atuando contra o vento. Cada aluno deve buscar uma posição. Você pode fotografar individualmente ou em pequenos grupos.

• Produzindo textos

Proponha aos alunos uma criação textual com o seguinte tema: imagine que você vive em uma cidade, na qual, pelo menos uma vez por dia, ocorre uma ventania com duração de quatro horas. O que fazer, já que nunca se sabe quando ela ocorrerá? Quais dispositivos os habitantes desenvolveriam para ficarem mais bem preparados? Como seria viver, estudar, namorar, passear nessa cidade?

11. RITMO (TORSO)

a) Apreciação

b) Contextualização, reflexão e discussão sobre a obra

Esta obra é de 1915-1916, período de estudos em viagem de Anita.

Reflita e converse com os alunos sobre distorção, cores, proporção, baseando-se na obra em questão.

c) Fazer artístico

Relacionando ideias

Nesta atividade, será trabalhada a expressão corporal. Os alunos deverão representar troncos de árvores, retorcendo-se, locomovendo-se com vagar e, de maneira oscilante, como se estivessem crescendo.

• Produzindo imagens

Proponha aos alunos o trabalho de escultura em argila baseado na obra *Ritmo*.

• Produzindo textos

Os alunos deverão criar uma pequena história em quadrinhos sobre a criação do ser representado em *Ritmo (torso)*.

12. O FAROL

a) Apreciação

b) Contextualização, reflexão e discussão sobre a obra

Esta obra é de 1915, período de estudos em viagem de Anita.

Reflita com os alunos sobre a utilização das cores e o equilíbrio das formas nesta obra de Anita.

c) Fazer artístico

• Relacionando ideias

Proponha um exercício de expressão com o tema farol. Um aluno será escolhido para desempenhar este papel e os demais deverão segui-lo. O aluno-farol deverá ser trocado diversas vezes.

• Produzindo imagens

Proponha uma releitura da obra com giz pastel seco.

---

5. *Starry night (interactive animation)*. Disponível em: <www.youtube.com/watch?v=pCHFAsXYHGA>. Acesso em: 21/09/2012.

• **Produzindo textos**

Os alunos deverão realizar uma produção textual com o seguinte tema: os habitantes das casas vizinhas ao farol não aguentam mais a claridade à noite, na hora de dormir. Assim, acabam tornando-se zumbis por não dormirem bem há muitos anos. O que eles são capazes de fazer estando nesta condição?

13. MÁRIO DE ANDRADE II

a) **Apreciação**

b) **Contextualização, reflexão e discussão sobre a obra**

Obra de 1922, ano da Semana de Arte Moderna. Mário tornou-se amigo íntimo de Anita. Há registro deste dia (retrato) em uma crônica do intelectual chamada *No ateliê*.

Aproveite nesse momento para apresentar Mário de Andrade aos alunos, mostrando a importância do intelectual para a cultura brasileira.

c) **Fazer artístico**

• **Relacionando ideias**

Faça uma descrição da obra, passo a passo, sem que os alunos a vejam. Em seguida, eles deverão retratá-la. Por exemplo: "Este é o retrato de um homem do peito para cima. No fundo temos as cores amarelo e rosa. Seu rosto é uma mistura destas cores, seus lábios são grossos. Ele usa óculos". Depois do exercício, comparar os resultados com a obra original. (Inspirado em exercício de Ana Tatit e Maria Silvia Monteiro Machado, em obra citada na bibliografia.)

• **Produzindo imagens**

Proponha uma releitura da obra em papel *Kraft* e com giz pastel oleoso, ou com giz pastel seco e estilete.

• **Produzindo textos**

Faça uma leitura da crônica *Será o benedito!*[6], de Mário de Andrade, com as crianças. Depois, elas deverão reescrever um final para ela, contando como seria se Benedito tivesse vindo com Mário de Andrade para a cidade.

14. TROPICAL

a) **Apreciação**

b) **Contextualização, reflexão e discussão sobre a obra**

Esta obra é de 1916, sendo um estudo de tema brasileiro.

Reflita com os alunos sobre a maneira como esta obra retrata o Brasil. Talvez fosse interessante comparar com uma obra posterior, na qual Anita registra

---

6. ANDRADE, Mário de. *Será o Benedito!* São Paulo: Cosac Naify, 2008.

festas populares interioranas, como em *Batizado, A bailarina, Sanfoneiro*, por exemplo.

c) Fazer artístico

• **Relacionando ideias**

Remonte à situação dos negros no Brasil por meio da canção de Chico Buarque e João Bosco, *Sinhá*[7]. Após fazer uma interpretação da letra da música com os alunos, peça para criarem um desenho do escravo da canção.

• **Produzindo imagens**

Divida a sala em grupo e cada integrante deverá escolher algum pedaço do quadro para reproduzir: um braço, uma fruta, os olhos, a cabeça, a vegetação. Em seguida, deverão montar as partes com os amigos em cartolina.

• **Produzindo textos**

Os alunos deverão construir a personagem do quadro: atribuir nome, profissão, idade e ocasião. Depois, peça para que imaginem uma situação que a personagem poderia vivenciar com outro personagem de Anita trabalhado ao longo deste período.

COMENTÁRIOS SOBRE A EXECUÇÃO DAS ATIVIDADES

O caminho percorrido até aqui por meio da coleção Arte é Infância não foi aleatório. É uma espécie de síntese de alguns elementos da arte brasileira inspirada na arte vanguardista europeia. A vertente expressionista conduz este percurso, mas poderia ser qualquer outra. A justificativa é pessoal. Minha linha de estudo há muitos anos privilegia estes artistas e, portanto, minhas experiências em sala de aula foram realizadas com boa parte destas obras.

Para chegar à arte brasileira, tendo passado por Klee e Kandinsky, Anita Malfatti foi escolhida. Aqui começa a arte moderna brasileira. A pintora trouxe da Alemanha e dos Estados Unidos a compreensão expressionista da pintura e com ela chocou nossa sociedade.

Trabalhar com as obras de Anita é muito prazeroso. Os alunos divertem-se com as distorções e criam explicações magníficas para justificarem os traços deformativos. Aqui, trabalhamos com uma síntese: a pintora traz para o Brasil sua leitura do movimento, sendo assim, já começa a abrasileirá-lo.

Não há como falar de arte moderna brasileira sem ter passado pelos vanguardistas europeus. Na coleção, isso é feito de maneira simbólica, já que foram escolhidos apenas três dentre centenas de nomes essenciais. Porém, uma vez realizado este trabalho de (in)formação, o interesse surgirá instantaneamente. Em breve os alunos trarão novidades do mundo da arte para surpreendê-los.

Para esta obra e sequência, também não há recomendação de idade.

---

7. Você pode encontrar essa música em: BUARQUE, Chico. *Chico Buarque*. Rio de Janeiro: Biscoito Fino, 2011.

REFERÊNCIAS BIBLIOGRÁFICAS

Educação:

BARBOSA, Ana Mae. *A imagem no ensino das artes.* São Paulo: Perspectiva, 2010.

_____. *Abordagem triangular no ensino das artes e culturas visuais.* São Paulo: Cortez, 2010.

_____. *Arte-educação no Brasil.* São Paulo: Perspectiva, 2002.

MACHADO, Maria Silvia Monteiro; TATIT, Ana. *300 propostas de artes visuais.* São Paulo: Loyola, 2003.

Anita Malfatti:

BATISTA, Marta Rossetti. *Anita Malfatti no tempo e no espaço.* São Paulo: Editora 34, 2006.

GREGGIO, Luzia Portinari. *Anita Malfatti: tomei a liberdade de pintar a meu modo.* São Paulo: Magma Editora Cultural, 2007.

INDICAÇÕES DE LEITURA COMPLEMENTAR

CARPEAUX, Otto Maria. *As revoltas modernistas na literatura.* Rio de Janeiro, Ediouro, 1968.

GOLDWATER, Robert. *Primitivism in modern art.* Cambridge/London: Belknap Press of Harvard University, 1986.

KANDINSKY, Wassily. *Do espiritual na arte e na pintura em particular.* São Paulo: Martins Fontes, 1996.

_____. *Ponto e linha sobre plano.* São Paulo: Martins Fontes, 1997.

KLEE, Paul. *Diários.* São Paulo: Martins Fontes, 1990.

_____. *Sobre a arte moderna e outros ensaios.* Rio de Janeiro: Jorge Zahar, 2001.

LICHTENSTEIN, Jacqueline. (org) *A pintura- vol 7: O paralelo das artes.* São Paulo: Ed 34, 2005.

_____. *A pintura- vol 8: O desenho e a cor.* São Paulo: Ed 34, 2006.

NAVES, Rodrigo. *A forma difícil: ensaios sobre arte brasileira.* São Paulo: Atica, 2001.

NETTO, Modesto Carone. *Metáfora e montagem.* São Paulo: Editora Perspectiva, 1974.

PEDROSA, Mário. *Modernidade Cá e Lá.* Org. Otília Arantes. São Paulo: EDUSP, 2000.

_____. *Política das Artes.* Org. Otília Beatriz Fiori Arantes. São Paulo: Editora da Universidade de São Paulo, 1995.

PERRY, Gill. *Primitivismo, Cubismo, Abstração: Começo do século XX.* São Paulo: Cosac & Naif, 1998.

Vivian Caroline Fernandes Lopes nasceu em 1982, em São Paulo. É educadora social e atua principalmente em projetos com crianças e adolescentes na área de incentivo à leitura e escrita. Doutora em Literatura Brasileira, estuda a relação entre palavra e imagem, poesia e pintura, literatura e artes. Foi vencedora do Prêmio Jabuti 2015 na categoria Didático e Paradidático com a Coleção Arte é Infância.